ハワイの恵みを紐解く ハワイアンキルト
── 作品と共に ──

川村 まき子

三恵社

目　次

プロローグ　　　　　　　　　　　　　　　　　　　　　1

作品集　　　　　　　　　　　　　　　　　　　　　**3**

１「王冠、レフア、クラウンフラワー」川村まき子　　　4
２「ウル」あべまゆみ　　　　　　　　　　　　　　　　5
３「モンステラ」大沼直美　　　　　　　　　　　　　　6
４「パイナップル」磯山千秋　　　　　　　　　　　　　7
５「椿とカメ」宝田文子　　　　　　　　　　　　　　　8
６「ジンジャー」林眞波　　　　　　　　　　　　　　　9
７「アンセリウム」増田佳代子　　　　　　　　　　　　10
８「ボンバックス」高野佳江　　　　　　　　　　　　　11
９「サンプラーキルト」坂巻千春
　　　モンステラ、バードオブパラダイス、プロテア、アンセリウム　12
１０「カメとサーフボード」矢澤節子　　　　　　　　　13
１１「ヘリコニア」いしばしひろこ　　　　　　　　　　14
１２「イルカ」松尾春代　　　　　　　　　　　　　　　15
１３「パイナップル」鵜澤久美子　　　　　　　　　　　16
１４「プロテア」磯山千秋　　　　　　　　　　　　　　17
１５「ハワイ諸島」坂巻千春　　　　　　　　　　　　　18
１６「カメと波」増田佳代子　　　　　　　　　　　　　18
１７「サンプラーキルト」大沼直美
　　　ハイビスカス、パイナップル、カメ　　　　　　　19
１８「ヘリコニア」高野佳江　　　　　　　　　　　　　20
１９「やしの木、サーフボード、波」林眞波　　　　　　21
２０「イルカ」萩原明美　　　　　　　　　　　　　　　22
２１「ロケラニ」矢澤節子　　　　　　　　　　　　　　23
２２「レフア」宝田文子　　　　　　　　　　　　　　　23
２３「プロテア」あべまゆみ　　　　　　　　　　　　　24

24「サンプラーキルト」いしばしひろこ	
アンセリウム、パイナップル、ボンバックス、ハイビスカス	25
25「ボンバックス」増田佳代子	26
26「ジャスミン」宝田文子	26
27「ジンジャー」磯山千秋	27
28「プロテア」大沼直美	28
29「ウル」松尾春代	28
30「グアヴァ」増田佳代子	29
31「ロケラニローズ」磯山千秋	29
32「王冠、ククイ」林眞波	30
33「パイナップル」林眞波	30
34「サンプラーアンセリウム、ボンバックス」磯山千秋	31
35「ボンバックス、プロテア」高野佳江	32
36「ククイ」増田佳代子	33
37「波とシェル」いしばしひろこ	34
38「ヘリコニア」大沼直美	35
39「レフア」林眞波	36
40「ウル」磯山千秋	37
41「アンセリウム」いしばしひろこ	37
42「パイナップル」安斉和枝	38
43「モキハナ」矢島節子	38
44「グアヴァ」磯山千秋	39

シーズンキルト

45「ハロウィン」いしばしひろこ	40
46「インテリア　ハロウィン」川村まき子	40
47「サンプラークリスマスツリー、レフア」大沼直美	41
48「クリスマスツリー」鵜澤久美子	42
49「クリスマスツリー、マイレ」あべまゆみ	43
50「クリスマスツリー、マイレ、ブルークリスマス」安斉和枝	43

51「アンセリウムのウエディングボード」坂巻千春　　　　44
52「プルメアリアのテーブルランナー」あべまゆみ　　　　44
53「パウスカート、イプ」矢澤節子　　　　45
54「ウクレレ、アンセリウム」川村まき子　　　　46
55「フラッグキルト」矢澤節子　　　　47

ハワイの恵みを紐解くハワイアンキルト
1．常夏ハワイに咲き輝く植物たちと活躍した女王、王女のつながり　―花・葉・実―

Anthuriums　アンセリウム　　　　51
Ohia Lehua　オヒアレフア　　　　52
Heliconia　ヘリコニア　　　　53
Hibiscus　ハイビスカス　　　　54
Ginger　ジンジャー　　　　55
Bonbax　ボンバックス　　　　55
Jasmine　ジャスミン　ピカケ　　　　56
Protea　プロテア　　　　57
Plumeria　プルメリア　　　　57
Rose　バラ　ロケラニ　　　　58
Brid of paradise　バードオブパラダイス　　　　58
Candlenut tree kukui　ククイ　　　　59
Pineapple　パイナップル　　　　59
Mokihana　モキハナ　　　　60
Guava　グァバ　　　　60
Palm tree　やしの木　　　　61
Monstera　モンステラ　　　　62
Breadfruit Ulu　パンの木　　　　62

2．ハワイ王朝とハワイの人々―フラッグキルト―

王国旗　王冠　　　　63

3．ハワイの伝統文化―音楽　楽器　舞踊―
　　Ukulele　ウクレレ　　　　　　　　　　　　64
　　Ipu　イプ　　　　　　　　　　　　　　　　64
　　Hula・pa'u　フラ・パウスカート　　　　　　64
　　lei　レイ　　　　　　　　　　　　　　　　 64

4．ハワイの海―海の生き物たち、マリンスポーツ―
　　Sea turtle　ウミガメ　　　　　　　　　　　66
　　Dolphin　イルカ　　　　　　　　　　　　　67
　　Wave and Surfboard　波とサーフボード　　 67

5．その他―日本との融合―
　　Pumpkin　かぼちゃ　　　　　　　　　　　　68
　　椿　ツバキ　　　　　　　　　　　　　　　　68

あとがき　　　　　　　　　　　　　　　　　　　69
参考文献　　　　　　　　　　　　　　　　　　　70

プロローグ
―作品と共にハワイの自然、文化、歴史に出会う―

　ハワイアンキルトに出会ってから約 20 年の月日が経ちました。学生時代に被服全般の基本的な知識を学び、その後、日本とハワイで基本的なハワイアンキルトの技法を学んだことが役立ち、キルト制作の他にオリジナルのパターンをデザインすることが私にとって何よりの楽しみとなりました。

　ハワイアンキルトのデザインにはかつてのハワイ王朝やその時代に活躍した女王、王女達、ハワイの歴史、文化、生息する植物も大きく関わることがわかり、益々興味を持ちました。ハワイ諸島にある博物館、美術館、王宮の別荘、領主の屋敷を巡り、アンティークキルトを探し求め、さまざまな作品に遭遇できその度に大きな感動を覚えました。また、その島にしかない固有の植物や高山でしか咲かない花を観るためにトレッキングツアーにも参加しました。植物の形態もわかり、またその土地に纏わる伝説もあり、興味と平行してキルトのデザインパターンの数も増えていきました。今、日本が豊かになり、輸出入が盛んになったことでさまざまな植物が輸入されています。輸入だけではなく国内で栽培もされています。かつて日本では見ることができなかった南国の植物が現在では国内のさまざまな場所でも見ることができますし、お花屋さんでも入手できます。ハワイでしか見られなかった草花が私達の身近なものになりました。

　私の講義の特徴はパターンに纏わる話や植物の特徴を画像でなるべく詳しく見てもらうことです。以前は重いハワイの植物図鑑を講義のたびに持参していましたが、今ではインターネットでデザインパターンに使用する植物を検索して、すぐに受講生に見てもらうことができます。花の構造、葉脈の構成までがリアルに観察できます。ハワイアンキルトの基本的技法を習得することの他に観察した草花をキルティングで表現しようとすると作品に対する姿勢が変わります。それぞれの植物を受講生達が観察して、それを自分の物にして表現しようとするのです。もちろんどのように受け止めるかはそれぞれで、同じものをみても微妙に違うのです。感性が各々

違うように。私のデザインが受講生による配色選びによって、また、落としキルト後のパターンのキルティングは個々の感性で施されて、数倍も見事な作品に仕上がっています。

　キルトクラスに在籍されている受講生にはさまざまなライフスタイルの方々がいらっしゃいます。ご自分の為やご家族の為に作られたり、「自分自身の活力になります」「子供が受験で頑張ったのでプレゼントしたい」「母の思い出の色です」等のお声を聞いたりすると私まで幸せな気持ちになります。

　また、これまでの学びから日本の要素を取り入れてキルトにした、ハワイと和が融合した作品もあります。パターンの植物は外来のものでも、配色を和風にしてお子さんのためにお雛様と一緒に飾りたい、お正月の来客のために日本的な要素を取り入れたいという受講生からの相談もありました。日本の草花でデザインパターンを希望する人も増えてきました。海外の文化に触れたことにより自国のものを表現したいと思い、そのデザインパターンが完成できたことで文化の繋がりを感じました。

　ハワイ諸島を訪れた時に撮った写真、ハワイ植物の画像と共にハワイの恵みの説明と受講生の作品をお楽しみいただけたら幸いに思います。

川村まき子

作品集

Design by kawamura makiko copyright

1「王冠、レフア、クラウンフラワー」

川村まき子　１６０×１６０　薄いベージュ、赤

ハワイ王朝最後の女王と言われたリリウオカラニ女王が作詞した『アロハオエ』の歌詞の中にもあるレフアの花。彼女の好きな花クラウンフラワーと王室の象徴でもある王冠と共に尊敬の気持ちを込めて制作。配色も赤と薄いベージュでアンティーク色を意識して表現でき、私の集大成となりました。

2「ウル」

あべまゆみ　１８０×１８０　オフホワイト、明るい緑

Design by　Abe　Mayumi

初めて挑戦した大きな作品です。先生の繊細な線を使ったウルのデザインが好きで、それに近い形になるようにお願いをしました。パターン制作時には私のオリジナル部分も入れてカットからすべての工程を学び、時間をかけて取り組み、お気に入りの作品になりました。

3「モンステラ」

大沼直美　１２０×１００　水色、緑

モンステラの葉の部分にはハワイ生息のモンステラのように小さな穴を開けて縫いました。始めは大変でしたが、下地の水色が所々に現れるとアップリケが楽しくなりました。またモンステラの葉は成長するにつれて穴が開き、その穴から太陽の光が差し込むことから「希望の光を導く」と言い伝えられているそうです。希望の光が差し込みますように願いを込めて家の特等席に飾っています。

4「パイナップル」

磯山千秋　１３０×１００　黄色、山吹色

ハワイのフルーツの王様と言われているパイナップル。甘く熟れた果実をパイナップルのジューシーなイメージにぴったりの黄色系の配色で表現しました。完成作品を見た人達から「美味しそうなパイナップル！」と嬉しい言葉を頂きました。

5「椿とカメ」

宝田文子　１４０×１００　紫、明るい緑、黄色

１年の始まりであるお正月に、家族皆が健康であれと願う気持ちを作品に表現しました。お正月の玄関に飾ると華やかで明るい空間になります。先生と相談して、ハワイアンキルトの技法でお花は椿を取り入れました。日本の文化を表現でき、キルトがより身近なものとなりました

6「ジンジャー」

林眞波　９０×９０　白、黄色

ビタミンカラーの黄色を使った元気が出る作品の一つです。花の部分のキルティングが一つずつぷっくりとできていく過程はワクワクしました。葉脈は実際の葉のように細かく制作するのに大変でしたが、完成時には達成感がありました。

7「アンセリウム」

増田佳代子　１３０×１００　赤、黄色

カリキュラムの基本型作品をすべて作り終えて、初めてサイズ、パターン配色を自分で選べた作品です。少し欲張って大きいサイズにしましたが、中心のパターンの回りのエコーキルティングが考えていた以上に大変でした。しかし、出来上がりを見て、今までにない重厚さにさらに大きい作品を作りたいという気持ちも残りました。

8「ボンバックス」

高野佳江　９０×９０　２作品　白、ピンク　ピンク、白

川村先生の本に掲載されていた写真に一目惚れして同じ色で色違いの２作品にチャレンジしました。
パターンのキルティングも２作品それぞれ違う内容で施して仕上げ、私の中でも秀逸な作品です。

9「サンプラーキルト」

モンステラ、バードオブパラダイス、プロテア、アンセリウム

坂巻千春　１０５×１０５　白、緑、中濃ピンク、山吹色、赤、青

キルトクラスに通い始めてからハワイで一目惚れして購入した「ハワイアンキルト風の写真立て」をいつかキルトで作ることが夢でした。先生に写真立てをお見せして、それを元にアレンジして貰い（著作権の関係上）ブロックの真ん中は文字にして写真立てのイメージにしました。写真を入れたら本物のキルト写真立てになるかしら。

１０「カメとサーフボード」

矢澤節子　１４０×１００　グレー、山吹色

一度に３人の孫に恵まれた頃にハワイに行く機会がありました。亀が浜辺に甲羅干しに集まってくるラニケアビーチで３匹の亀に遭遇。嬉しさのあまり孫達の誕生の贈り物としてキルトにその喜びを表現してみました。

１１「ヘリコニア」

いしばしひろこ　１００×１００　グレー、オレンジ

日本画集を観ていた時に鮮明な夕日の絵が目に止まりました。そのオレンジ色に魅せられて、この配色に決めました。ハワイの熱帯植物らしいパターンにこの配色が活かされて、日本とハワイの融合となり、思い出に残る作品となりました。

１２「イルカ」

松尾春代　９０×９０　水色、ベージュ

制作するイルカに生命感を出したいと思い、写真等を参考にしました。哺乳類なので針を入れるキルティングはせずに目のみ刺繍をすると先生からご指導を受けた時には、ハワイアンキルトが、受け継いできた魂を大切にした伝統手工芸であることを感じました。

１３「パイナップル」

鵜澤久美子　８０×８０　茶、山吹色

シンメトリーのハワイアンキルトの特徴がはっきりと分かるパターンのパイナップルですので丁寧にアップリケをしました。パターンのキルティングは大変でしたが、パイナップルらしく出来上がり、キルト制作が楽しめました。

１４「プロテア」

磯山千秋　１５０×１００　赤、山吹色

太陽のように輝くプロテアの花を大好きなハワイのロイヤルカラーで表現しました。細かいキルティングは手間がかかりましたが、力強さを感じさせるキルトから私自身も元気をもらいます。

15「ハワイ諸島」

坂巻千春　８５×５５　水色、ハワイ州旗、茶系色、ピンク

先生が教材用に制作したハワイ諸島のキルトを見た時に「大好きなハワイを大好きなキルトで表現したい」と思いました。フラッグキルトは初挑戦でしたが、今までの植物のキルトとは違って、ミリ単位の設計図通りにするアップリケは難しく、根気のいる針仕事でした。きれいに完成したキルトをみて、今までにない達成感を得ることができました。

16「カメと波」

増田佳代子　８５×５５　オレンジ、紫色

カメの甲羅のキルティングが大変でしたが、完成した作品を見たら挑戦して良かったと思いました。色の組み合わせも気に入っているので、次回は逆合わせの違うパターンを作ってみたいです。

１７「サンプラーキルト」

ハイビスカス、パイナップル、カメ

大沼直美　１０５×１０５　白、オレンジ、水色、ピンク、青

フィルムキルトに初挑戦しました。多色のため配色に悩みましたが、様々な見本布を合わせながら自分の好みに合う配色になり、完成時にも回りのキルト仲間さんからも良い評価を頂けました。またハワイを代表するパターンは今までの復習もかねて再度の挑戦でしたが、キルティングを変えることにより新たな気持ちで取り組め、ハワイらしいキルトができました。

１８「ヘリコニア」

高野佳江　１６０×１００　ベージュ、ピンク

私の制作した作品の中で１番大きなサイズでもあり、初めてカットにもチャレンジした作品でもあります。植物の伸びやかな様子を表現したかったのでパターンのキルトは控え目に仕上げました。落ち着いた色合いが気に入っています。

１９「やしの木、サーフボード、波」

林眞波　１５０×１００　水色、うぐいす色

伯母の住んでいたハワイの風景を作品にしたいと思い、選んだモチーフです。夫の好きなサーフィンも取り入れました。サーフボードの模様もかわいらしく、ヤシの木の葉は先生と相談して写真を参考に葉の形状を観察して細かくキルティングをしました。

２０「イルカ」

萩原明美　９０×９０　クリーム、水色

孫に喜んでもらいたくて、針をすすめました。私にとって 3 作目のイルカのキルトで、飾ると「色がきれい」「イルカさんかわいい！」との孫の言葉に癒やされました。温かな気持ちをもたらすキルトに出会え、作品が増えることに幸せを感じます。

２１「ロケラニ」

矢澤節子　１５０×１００　白、濃いピンク

フラの曲目の中にロケラニを表現する機会があり、作ってみたいと思いました。フラで踊った曲目を大輪のバラを咲かせるようにキルトで表現して残すことができて幸せです。講義の中でハワイの女王エマのお話を伺い、庭園にバラがあるエマ女王が滞在した夏の別荘にも行ってみたくなりました。

２２「レフア」

宝田文子　１５０×９０　ベージュ、緑

大きな作品に初めて挑戦しました。エコーキルティングに根気よく向き合い、レフアの山のアップリケがたくさんあり、綺麗に仕上げようと心がけました。この作品はパターン、下地布にもエコーキルティングを施したことで連続性があり、調和がとれた作品になりました。

２３「プロテア」

あべまゆみ　１３０×１００　山吹色、赤

ハワイ旅行でホノルルのホテル内で見た王朝カラーの作品がとても魅力的だったので同じ配色で作ってみました。それまでには選んだことのなかったパワフルな感じの配色で部屋に飾ると元気をもらえる気がします。

２４「サンプラーキルト」

アンセリウム、パイナップル、ボンバックス、ハイビスカス

いしばしひろこ　１００×１００　うぐいす、黄緑、緑

今までに作ったキルトの復習もかねてモチーフを選びました。緑系統の配色で統一して落ち着いた雰囲気のあるキルトに仕上げました。

２５「ボンバックス」

増田佳代子　９０×９０　グレー、濃いピンク

最初は中心をどのようにしようかと悩みながら始めましたが、一ヶ所一ヶ所が出来上がってくると中心のイメージが湧いてきて、全体的にまとまった作品となりました。仕上がりにとても満足しています。

２６「ジャスミン」

宝田文子　９０×９０　白、薄紫

母が好んだスズランと都忘れのお花を色で表現しました。6 月の梅雨の時期でも華麗でどこか凛としていて母にも喜んでもらえる気がします。

２７「ジンジャー」

磯山千秋　１００×１００　水色、紫

小さな花が重なり合う様子と細かい葉脈に時間を掛けてキルティングをしました。紫と水色の組み合わせが爽やかなハワイの風を感じることができます。

２８「プロテア」

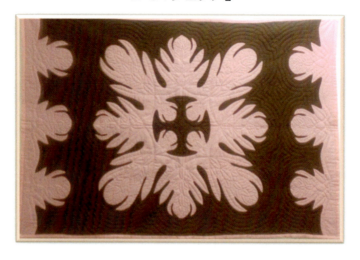

大沼直美　１３０×１００　茶、ピンク

存在感のある花に配色はシックなイメージを選びました。プロテアは花びらが何層にも重なっていて、それをキルティングで表現するのに細かい作業は大変でしたが、出来上がりは南国の花の女王様のようになりました。

２９「ウル」

松尾春代　１１０×９０　茶、濃いピンク

存在感のあるウルをキルティングでどのように表現するかを考えるのは楽しいひとときでした。エコーキルトは全てが同じようにきれいに収まらず、次回作品についてはきれいに収めることが自分への課題となりました。

３０「グアヴァ」

増田佳代子　１００×１００　ピンク、薄紫

この作品は唯一、回り布をパターンと違う色で仕上げました。今までの作品にもピンク色を何度か使いましたが、改めて合わせる色によってピンクの色合いが変わると実感しました。今回の配色は優しい雰囲気に仕上がり、見ていて心が休まります。

３１「ロケラニローズ」

磯山千秋　１００×１００　グレー、濃いピンク

小さくて香りの高い八重咲きのかわいらしいバラの花。重なり合う花びらをキルティングで表現しました。濃いピンク色にグレーの組み合わせでシックな印象に仕上げました。

３２「王冠、ククイ」

林眞波　１００×７０

山吹色、赤

次男の卒業記念に作りました。私自身も長男の時から 8 年間 PTA 活動で通った小学校なので卒業という節目の思い出の作品です。

３３「パイナップル」

林眞波　１００×７０

うぐいす、茶

高校受験に挑む長男に向けてエールの作品です。息子の努力がたくさん実りますように････と、実の成るパイナップルの大小多くを配置して受験勉強をする息子の傍らで作りました。

３４「サンプラーアンセリウム、ボンバックス」

磯山千秋　１５０×１００　ベージュ、薄紫

愛らしいハート型のアンセリウムと綿毛のようなボンバックスでエレガントなキルトを目指しました。周囲にも同じ花のデザインを配置してあります。優しい色合いのキルトができました。

３５「ボンバックス、プロテア」

高野佳江　１５０×１００　白、ピンク

１枚布の下地にパターンを配置し、小さなサイズのパターンを６枚仕上げることで地道な作業を要する大変さがありました。またパターンの配置にもシンメトリーになるように気を遣い、全体的に苦労して仕上げた作品でした。それだけに完成した作品を見た時には達成感も大きかったです。

３６「ククイ」

増田佳代子　１００×１００　山吹色、明るい緑

私の初めての作品のクッションカバーのパターンがククイでした。今回は同じククイでも難易度が高い、四隅が離れているデザインに挑戦しました。アップリケが多いところが大変でしたが、メリハリのあるデザインと配色に満足度が高い作品となりました。

３７「波とシェル」

いしばしひろこ　９０×９０　水色、オレンジ

真夏の海の中での波とシェルの楽しげなたわむれの様子を水色と橙色で表現しました。キルト作成では波の部分の切り込みの処理が大変でしたが、シェルの部分は楽しくキルトができました。

３８「ヘリコニア」

大沼直美　１００×１００　黄色、黄緑

今までに作ったキルトを考えるとお花が多く、可憐、かわいいイメージでした。しかし、今回のヘリコニアは今までとは違い、力強いデザインでした。キルティングで互い違いの葉のしくみを表し、楽しみながら作りました。夏のインテリアに彩りを添え、我が家で輝いています。

３９「レフア」

林眞波　１５０×１００　白、赤

ハワイアンキルトを始めてからいつか挑戦したいと思っていたモチーフです。伝統的な色合いで、赤の好きな母のお気に入りの作品でもあります。中心部のレフアのキルティングがポイントです。

４０「ウル」

磯山千秋　１００×１００　ベージュ、深緑

ハワイの人々にとって、とても大切な存在のウル。丸々とした大きな実は食べ物、薬として古代から家族の暮らしを支えてきました。その大きな葉と大きな実を深い緑色で力強く表現しました。いつも家族を支えてくれる夫に感謝の気持ちを込めて。

４１「アンセリウム」

いしばしひろこ　９０×９０　紫、ピンク

以前、弘前城を訪れた時に満開のピンク色の梅の多さに感動しました。その思い出のカラーをキルトで表したくなりました。配色も日本的になり梅の季節に飾る予定です。ハワイアンキルトの技法で日本の良さを味わうことができ、改めて魅力のある伝統手芸だと感じています。

４２「パイナップル」

安斉和枝　８０×８０　茶、山吹色

初心者の私は２作目にこのパイナップルの基本型キルト、パターンキルティングの方法を先生に学びました。モダンな配色な作品をお部屋に飾ると明るいイメージになり、気持ちも華やぎます。

４３「モキハナ」

矢島節子　４０×６０　うぐいす色、紫

レイを作りたくカウアイ島の花モキハナに挑戦しました。モキハナの実を表すために考えたのはホールを開けることです。それにより連続性ができ、レイらしく表現できました。

４４「グアヴァ」

磯山千秋　１３０×１００　ピンク、濃いピンク

グアヴァの実を割ってみると中から綺麗なピンク色の果肉が現れます。南国のまぶしい太陽を想像させる果実をピンク系の配色で表現しました。

シーズンキルト

４５「ハロウィン」

いしばしひろこ　８０×５５　ハロウィン布地　山吹色

以前、季節のキルトということでクリスマスキルトを制作したところ、家族の評判も良かったので今回はハロウィンに挑戦しました。自分で目、鼻、口を切り抜き、優しい顔のパンプキンになり、秋にはリビングの主役です。

４６「インテリア　ハロウィン」

川村まき子　２０×４１　ハロウィン布地、山吹色
お部屋のインテリアとして飾っています。

４７「サンプラークリスマスツリー、レフア」

大沼直美　１００×１００　赤、緑、オーナメント

私のお気に入り作品です。クリスマスキルトは既に２つ作っていましたが、前作のハワイを代表するパターンを使ったサンプラーキルトの豪華な仕上がりに魅せられて、もう一度チャレンジしました。その結果、基本的な技法ですが、本来のエコーキルティングの美しさを見直す機会になりました。オーナメント作りも楽しめました。

４８「クリスマスツリー」

鵜澤久美子　８５×５５　赤、緑

以前作ったクッションカバーに続く私にとって2作目の作品です。配色は赤と緑で前回より大きな作品となり緊張しましたが、先生のご指導でオーナメントも付けて素敵なツリーが完成しました。12月のクリスマスが待ち遠しいです。

４９「クリスマスツリー、マイレ」

あべまゆみ ８５×５５ 白、赤

クリスマスと言えば、正統派配色の赤×緑のイメージがあるかと思いますが、玄関に飾ることを考え、明るい色合いにしたかったので、雪のイメージの白を使うことにしました。クリスマスプリントの周り布や鉢カバーがポイントになり、少し緑色も入ってかわいらしく仕上がり、気に入っています。

５０「クリスマスツリー、マイレ、ブルークリスマス」

安斉和枝 ８５×５５ 白、青

キルトクラスでは初心者１年生です。３作目の作品としてクリスマスキルトに挑戦しました。正統派カラーではなくブルークリスマスの配色を選択したところ、思った以上にモダンなクリスマスツリーに仕上がりとても満足しています。

５１「アンセリウムのウエディングボード」

坂巻千春　５０×６０　白、赤

一緒にハワイにも行くハワイ大好きな友人の結婚式のサプライズとして作りました。2/14 の式なのでハートをテーマにアンセリウムを選び、文字は筆記体等を織り交ぜてフェルトも使用しました。

５２「プルメアリアのテーブルランナー」

あべまゆみ　４０×１００　茶、ピンク

テーブルランナーはタペストリーと違い、長方形＋２つの三角形を繋ぎ合わせて一つの形にしました。その為、パッチワーク要素もあり、また長方形と三角形の境目のキルティングを布地と糸の色を合わせていく技法も学べました。

５３「パウスカート、イプ」

矢澤節子　１００×１００　オフホワイト、オレンジ、オレンジ系プリント布

フラを習っていますので、キルトでお気に入りのパウスカートを作るのが夢でした。多くの種類のプリント柄を使い、イプ（ひょうたん）に合わせてキルトの中で踊っているような動きが出ました。スカートのウエスト部分のギャザーが大変でしたが私にとっては愛すべきキルトになりました。

５４「ウクレレ、アンセリウム」

川村まき子　１３０×１００　白、青

ウクレレは楽器として形、大きさが可愛らしくて私の好きなパターンの一つです。大小含めて３作ありますが、今回は自宅のリビングのお気に入りの場所に合うサイズで挑戦しました。伝統的な技法でパターンもエコーキルティングで施し、下地のエコーと幅が同じになるように意識して制作しました。

５５「フラッグキルト」

矢澤節子　１００×１００　赤、白、青

ハワイアンキルトの分野で植物ではなくフラッグキルトを作りました。フラッグの８本の線のアップリケに苦労しました。偶然、作成中に「クィーンズジュビリー」という曲のフラを習いました。フラッグとの関係が深くとても感動しました。

ハワイの恵みを紐解くハワイアンキルト

ハワイの植物たちは、ハワイの心地良い風と降り注ぐ太陽、雨の力も借りて、大地に根を張り、息吹いて、力強く育ちます。ハワイの人々との生活にも強い繋がりを持ち、食物であり、薬であり、漁をする道具であり、香水であり、器にも利用されました。

　そして、ハワイの人々は植物を生活だけではなく音楽、楽器、舞踊といった文化にも取り入れていきました。

　かつてあったハワイ王国、そこで活躍した女王、王女達もハワイの植物や自然と共に文化を愛し、歴史を刻んできたのです。

　水平線に映るすべてはどれもが輝いています。波しぶき、青い海の中に漂う生き物たちは生活に密接な繋がりを持つと共に神聖なものとしても大切にされてきました。

1．常夏ハワイに咲き輝く植物たちと活躍した女王、王女のつながり
―花・葉・実―

Anthuriums アンセリウム
サトイモ科アンセリウム属

　中央アメリカ、西インド諸島が原産地で、ハワイでは品種改良が進み、現在約 300 種類以上あるといわれています。溶岩を含む砂利質でよく育ち、観賞用の切り花としてハワイでは多く栽培されています。

キルト：増田佳代子、磯山千秋、いしばしひろこ、坂巻千春、川村まき子

ラナイ島のホテルの庭園内にある濃い落ち着いたピンク色のアンセリウム

ラナイ島のギフトショップのかわいらしいアンセリウム看板。

Ohia Lehua オヒアレフア
ハワイフトモモ科

　レフアはハワイ島の花です。外見はソフトなイメージですが、ハワイの樹木の中では最も生命力があるといわれており、キラウエア火山の吹き出した溶岩の中から多くのレフアが見られます。また甘い蜜を持ち、ハワイで最も価値のある黄色の羽根を持つ鳥ハワイミツスイが好みます。ハワイの神話に登場する花の代表であり、階級社会の伝説悲話にもなり、火山の女神ペレとの関わる伝説が数話あるハワイにとって大切な花です。ハワイ王朝最後の女王となったリリウオカラニ作詞の「アロハオエ」の歌詞の中にもレフアが出てきます。

キルト：林眞波、大沼直美、宝田文子、川村まき子

ハワイ島マカオプヒ付近のクレーターに咲くオヒアレフア

アロハオエの楽譜、リリウオカラニ女王少女時代の肖像画本表紙

Heliconia ヘリコニア
バショウ科ヘリコニア属

　バナナに近い熱帯性多年草で葉と苞は2列に並んでいます。美しいのでハワイではヘリコニアはジンジャーに並ぶ「鑑賞用の植物」として大量に栽培されています。熱帯アメリカのジャングルが原産で300種類以上あるといわれています。
キルト：、大沼直美、高野佳江、いしばしひろこ

ヘリコニア

オアフ島ワシントンプレイス内リリウオカラニ女王の写真の横に
添えられているヘリコニア、モンステラ。

Hibiscus ハイビスカス
アオイ科フヨウ属

　ハワイ州の州花です。固有種である中心が赤の黄色いハイビスカスが 1988 年に州花と定められました。ハワイ王朝時代から人気のあったこの花は 19 世紀半ばから園芸品種が作られていて、数多くの企業のシンボルマークとしても使われています。
キルト：いしばしひろこ、大沼直美

オアフ島ホノルル市遊歩道で

ラナイ島のホテル敷地内、外壁に掛かっていたオブジェ。左はジンジャー

Ginger　ジンジャー
ショウガ科

　常緑多年草、太平洋諸島原産。写真の赤い部分が花のようですが、苞とよばれており、その隙間から花を咲かせます。ハワイでは民家の庭先でも見られ、かつてはシャンプーとしても使っていたそうです。
キルト：磯山千秋、林眞波

赤色のジンジャー、オアフ島ホノルル官公庁街において

Bonbax　ボンバックス
パンヤ科キワタ属

　ピンク色の綿のような繊細な花が3月から4月にかけて咲きます。オアフ島ホノルルにあるエマ女王が設立した病院 Queens Hospital Grounds と Foster 植物園で見ることができます。
キルト：高野佳江、増田佳代子

　　ボンバックス　　　　　　　クイーンズメディカルセンター

Jasmine ジャスミン ピカケ
モクセイ科ソケイ属

　ほとんどの種は白色、黄色の花を咲かせ、装飾、香り、またジャスミンティーにも利用され、あらゆる分野で好まれています。ハワイ語ではピカケと言われています。20代で亡くなったリリウオカラニ女王の姪にあたるカイウラニ王女は、アイナハムという地で暮らしていた子供時代、ジャスミンの白い花が咲いた庭で孔雀（ハワイ語でピカケとも言う）と遊ぶのが好きだったため「ピカケの王女」とも呼ばれていました。彼女はカラカウア王が亡くなった時に米国大統領に祖国の存続を願い、面会できたものの、その後大統領が交代してしまった為、願いは叶いませんでした。

キルト：宝田文子

ジャスミン

オアフ島ワイキキにあるホテルロビー　カイウラニ王女の写真

Protea プロテア

ヤマモガシ科プロテア属

　キングプロテアは高さ2メートルの低木、葉は長さ12センチ幅6センチにもなり無毛・革質で、茎は太く、花序は30センチで約40センチ片の長さ15〜20センチの総萼片が花序を取り囲みます。クィーンプロテア、プリンセスプロテア、プリンスプロテアの名のプロテアがあります。ハワイロイヤルファミリィと繋がります。

キルト：大沼直美、磯山千秋、坂巻千春、高野佳江

プロテア

Plumeria プルメリア

キョウチクトウ科インドソケイ属

　プルメリアは木の枝が多く、枝がしっかりとしていて、その枝先に小さな花をつけています。良い香りのためハワイでは石鹸、香水等に利用されています。

キルト：あべまゆみ

オアフ島ホノルル市ダウンタウンで

Rose バラ ロケラニ
バラ属バラ科

　半落葉低木。高さ1～2メートルになる。オアフ島の中心辺りにエマ女王夏の宮殿（ハナイアカマラマ）があります。宮殿敷地内庭園には多くのハワイを代表する花、草木があります。ハワイの人々のための病院設立、教育に生涯を捧げたエマ女王の存命中、宮殿には大型の濃いピンクの花をつけるロケラニと少し小振りの薄いピンクのキャスチリアンの二種類のバラが咲き誇っていたそうです。ピンクロケラニはマウイ島の花でもあります。

キルト：磯山千秋、矢島節子

エマ女王の夏の別荘

Bird of paradise バードオブパラダイス　極楽鳥花
バショウ科ゴクラクチョウカ属

　日本名では極楽鳥花、英語名ではストレチアと言われており、鳥のとさかに似ているのでこの名前がつきました。無茎の多年草で1m位の先端に長さ16～20センチの苞が横向きで付き、中から数個の花が立っています。

キルト：坂巻千春

バードオブパラダイス

ハワイ島キルト展覧会
ワークショップ写生会

Candlenut tree kukui ククイ

　ハワイ州の州木です。ククイは 10〜20 メートルになる落葉樹であり、ハワイでは種子から油を灯火に、果実は食用に、樹皮は染料に、葉は塗り薬に、幹の部分は魚網の浮き、カヌー材、種子はレイにも有効に利用されてきました。ククイの花はモロカイ島の花です。
キルト：増田佳代子、林眞波

オアフ島ホノルルハワイ庁舎近くにて

Pineapple パイナップル
パイナップル科の多年草

　ハワイの気候と赤土がパイナップルの成長に合ったようで、かつてラナイ島には世界最大級のパイナップルプランテーションがありました。現在はその名残りがドールの石碑、またホテル内の家具にパイナップルの形を使用するなどという形で大切に残されていることに感銘させられます。ハワイでは果物の王様と呼ばれています。またパイナップルは米国の装飾美術で「歓待」の意味を表すシンボルとして使われています。
キルト：安斉和枝、磯山千秋、大沼直美、いしばしひろこ

 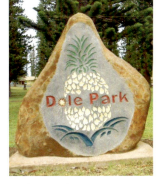

ラナイ島にあるホテル内レストラン内において　ラナイ島中心部にあるドールの石碑

Mokihana モキハナ

　カウアイ島に生息して、香りが長持ちするため布地の保存に使われました。レイにも使われます。

キルト：矢澤節子

モキハナのレイ

Guava グアヴァ

フトモモ科

　グアヴァは農園用に栽培しているところもありますが、ハワイのいたるところで野生化してみることができます。カウアイ島にグアヴァ園があり、グアヴァ試食、ジュース試飲、また園内を散策できます。

キルト：磯山千秋　増田佳代子

カウアイ島グアヴァ園で

Palm tree やしの木
ヤシ科

　15～25メートル程の高木であり、葉は羽根状で長さが3メートルくらいになります。実が落下して人が怪我をしないように毎朝、業者が実を取り除く作業を行っています。ココヤシの実はジュースとして飲んだり、胚乳部分をココナツミルクとして、石鹸の原料、オイルとして防虫用、酒、実を覆う部分はロープとして利用されるなどハワイアンの生活と強いつながりがありました。

キルト：林眞波　矢島節子

モロカイ島のやしの木林

ハワイ島ヒロ地区土曜マーケットでのヤシの実

Monstera モンステラ

サトイモ科モンステラ属

　多年草で茎はやや木質のつる性。多くの場合、太い気根から節を出し、他のものに巻き付きます。成熟した大型の葉は30～40センチとなり、側脈の中間部に穴があいたり、その穴が繋がって羽状に中裂したりすることがあります。葉の切れ込みの形が面白く、主に葉のアレンジとしてハワイ、日本でも場内装飾として人気があります。

キルト：大沼直美、坂巻千春

オアフ島ホノルル市街地

Breadfruit Ulu パンの木

クワ科パンの木属

　ウルは12～15メートルの高木になり、1本の木に年間50～100個の実がなります。「庭にウルの木が3本あれば生きていける」と言われていたそうです。ニューギニアからミクロネシアが原産とされて太平洋諸島に多く分布し、実を焼くとパンのような甘い香りがすることからその名前が付けられたといわれています。かつてハワイ王族の人たちが身に付けていたマント、冠、レイ等は鳥のハワイミツスイの羽根でできており、これはウルからとった「とりもち」で捕獲して羽根を一部とって逃がしてやったと言われています。

キルト：あべまゆみ、松尾春代、磯山千秋

オアフ島コオリナ地区にあるホテル庭園

2．ハワイ王朝とハワイの人々

―フラッグキルト―

王国旗　王冠

　かつて現存したハワイ王国の旗（現在ハワイ州旗）、紋章、王族の使用した宝飾品、王冠をパターンにしたキルトをフラッグキルトと呼ばれています。歴史的に見ると1816年頃にカメハメハ1世のために国旗がデザインされてからハワイの人は「クク・ハエ・アロハ」という（我が愛する旗）というキルトを作り始めました。1843年英国統治下に入った時や、1893年リリウオカラニ女王退位した時には多くのフラッグキルトが作られたといわれています。当時のハワイの人々は祖国を失ってしまう思いをキルトに託したのでしょうか。ハワイの人にとってキルトがいかに大切なものであるかを伺い知ることができます。

キルト：矢澤節子、坂巻千春、林眞波、川村まき子

オアフ島ホノルルワシントンプレイス正面玄関左がハワイ州の旗

オアフ島ホノルルイオラニ宮殿ハワイ州旗

3．ハワイの伝統文化

—音楽　楽器　舞踊—

Ukulele ウクレレ

　ハワイアン音楽と言えば思い浮かべるのはウクレレではないでしょうか。ポルトガル移民のJAコンザレスがウクレレの原型4弦ブラガを初めてハワイに紹介したと言われています。ハワイの固有種であるコアの木はウクレレの素材としても使われています。森の伐採等で壊滅的被害を受け、現在コアは輸出禁制品に指定されています。成長するのに約半世紀かかると言われており、コア材は高級品になりました。サーフ王のデュークカハナモクもコア材のロングボードを使っていました。
キルト：川村まき子

Ipu イプ

　ハワイの楽器はつねに舞踊とともにあり、ポリネシアの中でもハワイは特に楽器の種類が多く、材質はひょうたん、ココヤシの木、竹が多く使われています。ハワイでは南米から来たイプと呼ばれるひょうたんが楽器の他、容器、儀式ヘルメットとしても使われていました。
キルト：矢澤節子

Hula・pa'u フラ・パウ・スカート

　フラは単なる踊りではなく踊りを通して神のメッセージを伝えるという役割があり、神聖なものです。今では日本にもフラを愛する人が多くいます。パウはハワイ語でスカートという意味があり、プリント柄布地のパウを着衣し、フラを美しく舞う姿に見とれてしまいます。
キルト：矢澤節子

lei レイ

　レイはハワイの文化を象徴する装飾品の一つでもあり、一般には花が素材というイメージがありますが、木の実、貝殻、葉、鳥の羽のレイもあります。5月1日はハワイ春の祭典レイ・デイでレイコンテストが開催されています。
キルト：矢澤節子

息子に制作したベッドカバー、
ウクレレ、ククイ実の形のレイ

オアフ島ワイキキ沿い
ホテル内にあるイプ

オアフ島ワシントン
プレイス邸宅内の飾り棚
にある鳥の羽のレイ

オアフ島イオラニ宮殿敷地内
リリウオカラニ女王誕生祝賀会
でのフラ

オアフ島　市庁舎側の毎日多くの花のレイが掛けられているリリウオカラニ女王像

4. ハワイの海

―海の生き物たち、マリンスポーツ―

Sea turtle ウミガメ

　カイルア・コナの南にあるケホウホウの海辺ではいつでもアオウミガメに遭遇できると言われています。ケアウホウ海岸一帯は遠浅の珊瑚礁で、カメが岩肌についた海藻を食べ、その後甲羅干しをするそうです。ウミガメに触ってはいけない規則があり、それほどここでは彼らは守られているのです。

キルト：宝田文子、矢澤節子、増田佳代子

オアフ島の美しい海岸

ハワイで購入したカメとイルカのオブジェ

Dolphin　イルカ

　オアフ島はもちろん、ハワイ諸島では人気のイルカに会えるシュノーケリング等のアクティビティが多くあります。マウイ島では冬期にザトウクジラのウォッチングができますが、その時にイルカの群れにも出会えることがあります。
キルト：松尾春代、萩原明美

Wave and Surfboard　波とサーフボード

　毎年デュークカハナモクの誕生日を祝って、サーフィンコンテストがオアフ島ワイキキデュークカハナモク海岸で開催されます。彼は「サーフィンの神様」と慕われ、オリンピックでは水泳選手として3個金メダルを取得、今も世界中のサーファーから愛されています。功績をたたえ1990年にデューク像が海を背にして建てられたのですが「海を愛した彼がかわいそう」という声が多くあったそうです。
キルト：林眞波、いしばしひろこ、矢島節子

デュークカハナモク像の前でサーフィンコンテスト授賞式

5．その他

―日本との融合―

Pumpkin かぼちゃ
ウリ科

　一年草でつる植物、緑黄色野菜としてカロチン、ビタミンを多く含みます。最近ではハロウィンのキャラクターとして日本でも人気があり、10月31日は仮装しハロウィンを楽しむ日として大きなイベントとなっています。
キルト：いしばしひろこ、川村まき子

椿 ツバキ
ツバキ科

　常緑高木で5～7メートルになり、花は咲いたままの形で落ちます。
　花粉が鳥により運ばれる鳥媒花、種から油が取れます。また実は穴をあけて中を空にしてふくと笛になります（プラスチックが普及する前、日本では子供の遊び道具として植物は欠かせないものでした）。
キルト：宝田文子

ハワイ島ヒロにある土曜朝市　地元で収穫された形、大きさの不揃いのかぼちゃたち。

あとがき

　約 10 年間、公の場所で講師の機会を与えられて、私のパターンデザインを素晴らしいキルトに仕上げた受講生による作品集を出版できましたこと大変嬉しく思います。クラスはさまざまなライフスタイルの皆さんの集まりです。大きな作品を仕上げるのには 1 年以上かかります。仕事が忙しくキルト作りの時間を取れない人もいます。作品写真の撮り直しを繰り返して長い月日が経ちましたが、多くの作品を掲載できることになり、受講生と共にここまで歩めたことにとても感謝しています。

　また、ハワイを知ることが自国を振り返るきっかけとなり、数年前から日本の四季の絵キルト作り始め、12 ヶ月分のキルトが完成しました。ハワイアンキルトの基本となるアップリケキルトをベースとした、応用編といったところでしょうか。私にとってキルトは生活の一部であり、人生の一部となりました。クラス運営事務局の皆さんのお力で毎回、良い講義ができました。出版社三恵社さんには無理を申し上げましたが、良い形に進めて下さり、お礼の気持ちでいっぱいです。そして私の作品をいつも褒めてくれた夫、息子が「今度は何を作るの？」と興味を持ってくれたこと、それは何よりキルト作りの支えになりました。

参考文献

Hawaii Blossoms
旺文社　植物
お花屋さんの花
ハワイブック平凡社
ハワイイ紀行　新潮社
ハワイの花と熱帯植物　マリン企画
The Hawaiiann Quilt　A Unique American art form
THE HAWAIIAN QUILT
AMERICAN QUILT　from Michigan State University Museum
Flowers AND Plants OF HAWAI'I
ハワイスタイル
STATE OF HAWAI'I COLRING BOOK

著者略歴

川村　まき子

荻窪に生まれる。学生時代被服全般を学ぶ。在学中交換留学生として北欧で寄宿舎生活をしながら伝統織物を学ぶ機会を得る。その後内外の伝統手工芸に興味を抱く。帰国後大手銀行本店勤務を経て結婚、子育てが一段落した後にキルトの基礎を日本、ハワイで学ぶ。ハワイ諸島の博物館、王室別荘等を訪れアンティークキルトに関する資料収集、関連する研究者のヒアリングを行う。キルトクラスではオリジナルパターン使用の実技と共にキルトに関する講義を特徴とする。2004年米国ハワイ州キルトハワイ０４'に個人出展。2005年世界キルトカーニバル名古屋でタイトル「ハワイアンキルト自然、植物、歴史との関わり」ワークショップで講演。2006年から9年間明海大学オープンカレッジ講師を務める。2009年から現在までに銀座幸伸ギャラリー他各所で個展、展覧会を開催。

ハワイの恵みを紐解くハワイアンキルト　-作品と共に-

2016年12月20日　初版発行

著　者　　川村　まき子

定価（本体価格1,800円＋税）

発行所　　株式会社　三恵社
〒462-0056　愛知県名古屋市北区中丸町2-24-1
TEL 052(915)5211
FAX 052(915)5019
URL http://www.sankeisha.com

乱丁・落丁の場合はお取替えいたします。
ISBN978-4-86487-608-7 C5077 ¥1800E